자연을 사랑하고, 자연의 소중한 일부인 ______________에게

자연은 놀라운 순환으로 가득해요!

여러분이 어린아이에서 어른으로 자라는 것처럼,
자연의 모든 식물과 동물도 끊임없이 변하고 있어요.
작은 씨앗이 자라 커다란 나무가 되고, 물이 증발해 구름이 되었다가 다시 비로 내리는 것까지,
각각의 변화는 계속 이어지는 순환의 한 부분이에요.
이 순환들은 퍼즐 조각처럼 서로 맞물려서 우리가 살아가는 놀라운 세상을 만들어 줍니다.

이 책은 자연의 순환을 더 쉽게 이해할 수 있도록 쓰였어요.
복잡한 내용을 차례대로 나누어서 설명하고, 어려운 말은 쉬운 말로 풀어놓았어요.

그림 속 화살표를 따라가면, 순환이 시작해서 끝나는 과정을 차근차근 알아볼 수 있어요.
뭘 망설이고 있나요? 지금 바로 책장을 넘겨 봐요!

NATURE

처음 만나는 자연 생명 도감

헬렌 브라운 글 · 클레어 스컬리 그림 · 한성희 옮김

그린북

차례

나무 이야기
4

나무의 구조
5

나뭇잎은 왜 떨어질까?
6

열매는 어떻게 자랄까?
8

돌고 도는 탄소
10

물의 순환
12

잎 이야기
14

잎의 구조
15

햇빛을 먹는 잎
16

물을 내보내는 잎
18

환경에 맞춰 사는 잎
20

덫처럼 닫히는 잎들
22

꽃 이야기
24

꽃의 구조
25

꽃가루의 여행
26

꽃 속에서 일어나는 일
28

꽃봉오리가 활짝
30

진짜처럼 따라 해요!
32

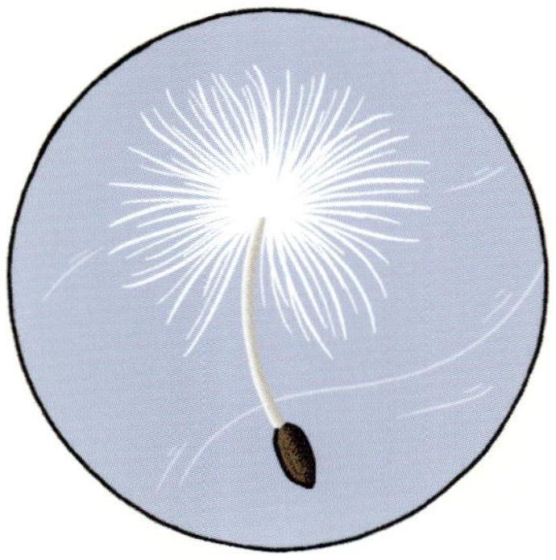

씨앗 이야기
34

씨앗의 구조 35

씨앗이 싹트는 순간 36

바람으로 이동하는 씨앗 38

동물이 옮겨 주는 씨앗 40

물 위를 떠다니는 씨앗 42

버섯 이야기
44

버섯의 구조 45

상리 공생: 서로 도우며 살아요 46

기생: 남의 것을 빼앗기도 해요 48

썩은 것들을 분해해요 50

질소의 순환 52

계절 이야기
54

계절의 구조 55

둥지 짓기 56

번식으로 이어지는 생명 58

먹이 저장법 60

겨울잠을 자는 동물들 62

| 용어 풀이 | 64

나무

이야기

나무는 지구에서 가장 오래된 생명체 중 하나예요.
그렇다면 나무는 무엇으로 이루어져 있을까요?

나무에는 하나의 큰 줄기와 나뭇잎을 지탱하는 나뭇가지가 있어요. 땅속에는 흙에서 물과 영양분을 흡수하는 뿌리 조직이 있어서, 나무가 자라는 데 꼭 필요한 역할을 해요.

나무의 종류

지구에는 약 7만 3천 종의 나무가 있어요. 이 나무들은 어떻게 번식해서 새로운 나무를 만들어 내는지에 따라 여러 부류로 나뉘어요.

나무는 대부분 씨앗으로 번식해요. 씨앗을 맺는 나무 중에는 솔방울 안에서 씨앗이 자라는 나무도 있어요. 이런 나무를 **'침엽수'**라고 불러요.

씨앗을 맺는 나무는 대부분 열매 속에서 씨앗이 자라요. 이런 나무를 **'활엽수'** 또는 **'꽃나무'**라고 해요.

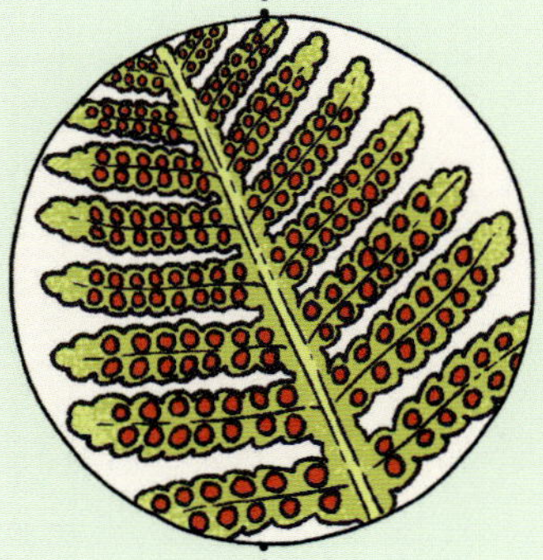

어떤 나무는 씨앗과 같은 세포인 **'포자'**로 번식해서 새로운 식물로 자랍니다. 이런 나무는 **'나무고사리'**라고 하죠.

나무는 잎이 떨어졌는지 아닌지에 따라 분류하기도 해요. **상록수**는 일 년 내내 잎이 달려 있어요.

낙엽수는 가을이 되면 잎이 떨어져요.

나무의 구조

나무 꼭대기
가까이에서 본 나뭇가지
씨앗
잔가지
나뭇가지
나뭇잎
나무줄기
나무줄기 안
심(속)
부름켜
변재
심재(속나무)
나무껍질
물
흙
뿌리
곁뿌리
뿌리털
무기질

나무의 순환

나뭇잎은 왜 떨어질까?

낮이 짧아지고 기온이 뚝 떨어지면, 낙엽수는 겨울을 대비하려고 잎을 떨어뜨리기 시작해요. 유럽갈참나무는 잎을 가장 늦게 떨어뜨리는 낙엽수 중 하나예요. 이렇게 잎이 떨어지는 과정을 **'탈리'**라고 해요.

낙엽수는 일 년 중 일부 시기 동안에 나뭇잎이 떨어지는 나무예요. 다음과 같은 점을 알고 보면 낙엽수를 발견할 수 있어요.

봄에는 잎자루와
줄기가 만나는 곳에서
세포층이 만들어져요.

호르몬이
나뭇잎을 나뭇가지에
단단히 붙어 있게
해 줘요.

가을에는 날씨가 서늘해지고
낮이 짧아지면서 나무 안의
호르몬이 변하기 시작해요.

햇볕을 더 받은 나뭇잎은
붉게 변하기도 해요.

그늘진 데 있던 나뭇잎은
노랗게 물들기도 하죠.

호르몬이 줄어들면,
잎은 가지에 붙어 있던
연결 부위가 약해져서
결국 나무에서 **뚝 떨어져요.**

떨어진 나뭇잎은
시간이 지나면 흙으로
변해요. 나뭇잎의
영양분이 흙으로
돌아가 다른 식물이
자라게 도와주죠.

잎이 다 떨어진 나무는
성장을 멈추고 **잠든
상태**가 되어, 겨울 동안
살아남을 수 있어요.

앙상한 나뭇가지들 사이로
강한 **바람**이 휙휙 잘 지나가,
겨울 폭풍에도 나무가 쓰러질
위험이 적어요.

열매는 어떻게 자랄까?

모든 열매는 꽃에서 시작된다는 공통점이 있어요. 그리고 네 가지 단계가 차례로 일어납니다. **수분, 수정, 생육**(성장과 발달) 그리고 **성숙**이지요.

나무는 열매를 자라게 해서 더 많은 나무를 만들어요.

봄이 오면 **벚나무**가 꽃을 활짝 피워요. 꽃잎은 벌 같은 곤충을 끌어들여요.

꽃에서 나온 **꽃가루**는 곤충의 몸에 착 달라붙어요.

벌이 꽃 사이를 날아다니며 꽃의 수술 부분인 **꽃밥**에서 암술 부분인 **암술머리**로 꽃가루를 옮겨 줘요.

꽃가루는 꽃 아래쪽에 있는 **씨방**으로 이동해요.

과일나무는 둘로 나뉘어요.

온대성 과일은 낙엽수에서 자랍니다.

열대성 과일은 상록수에서 자라죠.

씨방에서 꽃가루와 난세포(난자)가 만나 수정이 일어나요. **수정**이 끝난 후에는, 꽃잎이 떨어지고 씨방이 부풀어 올라요. 바로 열매가 맺히기 시작하는 순간이에요!

자라고 있는 버찌 속에서, 씨앗을 둘러싼 **씨핵**(딱딱한 씨앗 껍질)이 점점 단단해지기 시작해요.

몇 주 동안 버찌는 자라면서 변해요. 처음에는 버찌가 초록색이지만 **엽록소**가 분해되면서 붉은색이 나타나죠. 열매 속의 녹말은 당으로 바뀌어 버찌를 맛있게 만들어 줘요.

버찌가 **잘 익으면** 부드럽고 달콤해져서, 바로 따 먹을 수 있어요!

나무의 순환

돌고 도는 탄소

우리가 나무에서 보는 모든 것에는 탄소가 들어 있어요.

식물은 공기 중에서 **이산화 탄소**(CO_2)를 흡수하고, 햇빛을 이용해 산소와 당을 만들어요.

동물이 식물을 **먹으면**, 식물 속에 저장돼 있던 탄소를 함께 흡수하게 돼요. 이 탄소는 동물 몸의 일부가 되죠.

동물과 식물은 숨을 쉴 때 공기 중으로 이산화 탄소를 내보내요. 이 과정은 **호흡**하는 동안에 일어나는데, 먹은 음식이나 만든 영양분을 에너지로 바꿀 때 이산화 탄소가 나와요.

동식물이 죽으면 세균과 곰팡이가 그것들을 **분해**해요. 그러면서 탄소는 흙과 공기 중으로 다시 돌아가요.

탄소는 화학 원소이며, 지구에 사는 생명체에게 꼭 필요한 성분이에요. 세상에 있는 탄소의 총량은 변하지 않지만, 탄소는 공기, 생물, 흙 사이를 오가며 움직여요. 이 과정을 **'탄소 순환'**이라고 해요. 나무는 이 탄소 순환에서 아주 중요한 역할을 해요. **나무**는 공기 중의 이산화 탄소를 흡수하고, 그 안의 탄소를 탄수화물로 바꾸어 줄기, 가지, 잎, 뿌리에 저장해요.

나무는 **이산화 탄소**를 흡수하는 속도와 양이 각각 달라요.

줄기가 굵은 나무는 많은 양의 탄소를 저장하지만, 흡수하는 속도는 **느려요.**

빨리 자라는 나무는 처음 몇 년 동안 가장 많은 탄소를 흡수해요.

사람들이 에너지를 얻기 위해 화석 연료를 태우면, 많은 양의 이산화 탄소가 **연소** 과정에서 공기 중으로 방출돼요.

어떤 죽은 동식물은 땅속 깊이 묻혀서, 수백만 년 동안 높은 압력과 열을 받으면 석탄, 석유, 천연가스 같은 **화석 연료**로 변해요.

이렇게 탄소는 계속해서 모습과 자리를 바꾸며 돌고 돌아요. 이게 바로 **탄소 순환**이에요.

나무의 순환

물의 순환

지구에 사는 모든 생명체는 물이 꼭 필요해요.

물은 기체, 액체, 고체의 세 가지 상태로 존재해요. 지구에 있는 물의 양은 변하지 않지만, 물은 끊임없이 움직이며 순환해요. 이 과정을 **'물 순환'**이라고 해요. 물 순환은 물이 바다에서 시작해 구름이 되고, 비가 되어 다시 땅으로 내린 뒤, 강과 시내를 따라 흐르다가 다시 바다로 돌아오는 끝없는 여정이에요.

해가 물 위를 환하게 비춰요.

태양열 때문에 물이 **증발**하면서 액체였던 물이, 보이지 않는 기체인 **수증기**로 변해요.

수증기가 하늘 높이, **지구의 대기** 속으로 올라가면 기체가 차가워져서 다시 작은 물방울로 **응축돼요.** 이 작은 물방울들이 모여서 구름이 되죠.

구름이 점점 무거워지면, 비, 눈, 우박, 안개 같은 **강수**로 수분을 내보내는데, 비가 되어 떨어지거나 추우면 눈으로 내리죠.

나무는 커다란 빨대처럼 물을 흡수해요. 뿌리를 통해 흙 속의 물을 쭉 빨아올리고, 잎에 있는 아주 작은 구멍으로 수증기를 내보내요. 이 과정을 **'증산 작용'**이라고 해요. 증산 작용은 공기 중에 수분을 더해 주고, 구름이 더 생기도록 해 줘요.

빗물이나 눈이 녹은 물의 일부가 **땅속에 스며들어서** 식물과 나무에 영양분을 공급해 줘요.

그리고 나머지 물은 **땅 위를 흘러가면서(유거수)** 강, 호수, 바다로 모여요.

그곳에서 물이 증발하면 **다시 순환**이 시작되죠.

나무는 물 순환에서 중요한 역할을 맡고 있어요.

나뭇잎은 물을 공기 중으로 **내보내요.**

물은 흙 속을 지나면서 나쁜 화학 물질을 만나기도 하는데, 나무가 그런 물질을 **걸러 줘요.**

나뭇잎, 나무껍질, 잔가지가 물을 붙잡아 줘서 물이 한꺼번에 넘치지 않도록 홍수의 흐름을 늦춰 줘요.

잎 이야기

잎은 자연이 영양분을 만드는 곳이에요.

잎은 모양과 크기, 색깔이 다양하고, 잎차례(줄기에 잎이 붙는 방식)도 여러 가지랍니다.
잎의 공통점은 모든 잎이 식물에 필요한 영양분을 만든다는 거예요.

잎의 종류
잎은 홑잎일 수도 있고, 겹잎일 수도 있어요.

홑잎
잎사귀가 한 장밖에 없는 잎이에요.

겹잎
잎사귀가 여러 장이에요.

잎 가장자리
잎의 가장자리는 부드럽거나, 톱니 모양이거나, 튀어나왔거나, 갈라져 있어요.

매끄러운 잎
가장자리가 고르고 매끄러워요.

톱니 모양 잎
가장자리가 날카롭고 이빨처럼 생겼어요.

불룩 튀어나온 잎
잎 가장자리가 불룩하게 갈라졌지만, 갈라진 틈의 끝이 주맥(가운데 줄기)까지 닿지 않아요.

깊게 갈라진 잎
잎 사이의 틈이 주맥 쪽으로 절반보다 깊게 갈라져 있어요.

잎차례
잎은 네 가지 중 한 방법으로 줄기를 따라 쭉 붙어 있어요.

마주나기
잎이 줄기에서 서로 마주 보며 붙어 있어요.

어긋나기
잎이 줄기를 따라 번갈아 어긋나게 붙어 있어요.

거의-마주나기
잎이 어긋나지도, 완전히 마주나지도 않게 붙어 있어요.

돌려나기
잎이 세 장 이상 마디에 빙 둘러 붙어 있어요.

잎의 구조

햇빛을 먹는 잎

잎은 여름에 그늘을 만들어 우리를 시원하게 해 줘요. 동물에게도 쉴 수 있는 곳이 되죠. 그런데 식물에게 잎은 부엌 같은 곳이에요. 잎에서 스스로 먹을 것을 만들기 때문이에요!

잎은 보통 표면이 넓어서 햇빛을 최대한 많이 흡수할 수 있어요. 잎에게 햇빛은 아주 중요해요. 왜냐하면 잎은 햇빛을 이용해 **'광합성'**이라는 과정에서 영양분을 만드니까요. 지구상의 모든 식물은 광합성에 의존해서 살아가요. 그리고 식물이 없으면, 동물도 살아남을 수 없어요.

잎은 '엽록소'라는 화학 물질이 있으면 **광합성**을 할 수 있어요. 엽록소는 잎에 있는 녹색 색소예요. 잎이 초록색이면, 그 잎은 광합성을 하고 있는 거예요.

잎의 순환

물을 내보내는 잎

모든 식물은 물이 꼭 필요하지만, 흡수한 물의 5퍼센트도 안 되게 아주 조금만 남겨 둬요.

나머지 물은 잎 표면에 있는 작은 구멍인 기공을 통해 수증기가 되어 공기 중으로 나와요. 이 과정을 **'증산 작용'**이라고 해요. 증산 작용 덕분에 식물은 시원하게 있으면서, 물과 영양분이 고르게 잘 흐르도록 유지할 수 있어요.

식물이 내보낸 물은 우리 주변 공기를 시원하게 만들어 기후 변화로 인한 온도 상승의 영향을 줄이는 데도 도움을 줘요.

잎의 면적이 넓을수록, 그 잎에는 기공도 더 많이 있어요.

고무나무와 같은 열대 우림 식물은 습한 환경에서 더 많은 물을 내보내기 위해 기공이 많은, **크고 넓은 잎**을 가지고 있어요.

선인장은 낮 동안에 **기공 세포**를 닫아서 증산 작용을 줄이고, 기온이 서늘해지는 밤에 다시 기공을 열어요. 보통 식물은 낮에 기공을 열지만, 선인장은 물을 아끼기 위해 반대로 행동해요.

잎에서 나온 수증기가 공기 중으로 빠져나가면, 조금씩이지만 계속해서 **물을 끌어 올리는 증산 작용의 힘**이 생겨요.

그 힘으로 뿌리에서 더 많은 물을 위로 끌어 올리죠.

이렇게 물이 오가며 움직이면, **영양분**이 식물 몸 전체에 고르게 퍼져요.

물이 잎 표면에서 **증발하면** 식물은 그 덕분에 시원해져요.

그리고 식물은 날이 갈수록 **더 튼튼하고 크게** 쑥쑥 자라요.

환경에 맞춰 사는 잎

모든 생물종은 자신이 사는 환경에 맞게 변해요.

이런 특별한 행동이나 몸의 특징을 **'적응'**이라고 해요. 기린이 나무에 높이 달린 잎에 닿으려고 목이 길어지고, 카멜레온이 포식자를 피하려고 피부색을 바꿔서 위장하는 것이 적응이에요. 동물뿐만 아니라 식물도 환경에 맞춰 스스로 적응해요!

바닷가 근처 사막의 서늘한 아침에는 공기가 차가워져서 **안개**가 잔뜩 껴요.

안개가 목마른 선인장 주위를 휘감으면 안개 속의 수분이 차가운 공기에서 **응축**돼요.

작은 물방울들이 선인장 가시에 모여 **이슬**이 맺혀요.

이제 수분으로 빵빵해진 이슬방울은 중력에 의해 **미끄러운 선인장 표면**을 따라 아래로 흘러내리기 시작해요.

잎의 주된 역할은 식물을 위한 영양분을 만드는 거예요. 그런데 어떤 식물의 잎은 다른 역할이나 기능을 하려고 모습이 **변해요.** 이렇게 모양과 역할이 바뀐 잎을 변형 잎이라고 해요.

잎의 순환

덫처럼 닫히는 잎들

포식자는 동물만 있는 건 아니에요.
식물도 포식자가 될 수 있어요!

식충 식물은 질소가 부족한 습지 같은 환경에서 살아남으려고 놀라운 적응을 하며 진화했어요. 이 식물들은 영양분을 얻으려고 동물을 끌어들여 잡아먹기 위해 잎이 변했어요.

식충 식물은 먹이를 잡는 방법에 따라 5가지 유형으로 나뉘어요.

①포충낭형 덫

뚜껑이 달린, 속이 텅 빈 잎에 액체를 채워서 먹이를 빠뜨려요.

②끈끈이형 덫

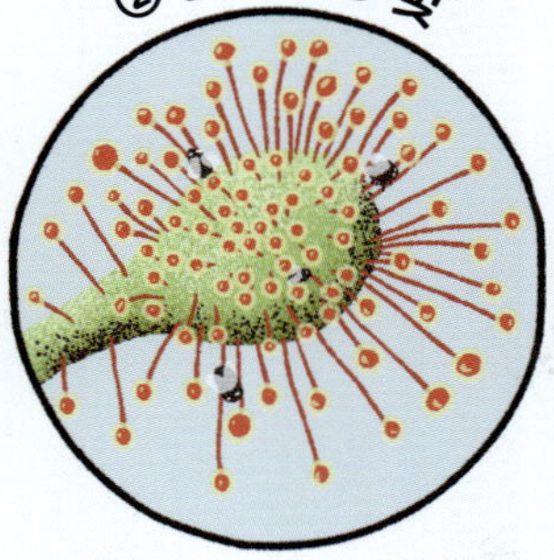

잎 표면이 끈적끈적해서 먹이가 달아나지 못하게 해요.

③올가미형 덫

조여 오는 고리로 꽉 쥐어서 먹이를 눌러 죽여요.

④흡입형 덫

강력한 진공을 만들어 먹이를 빨아들여요.

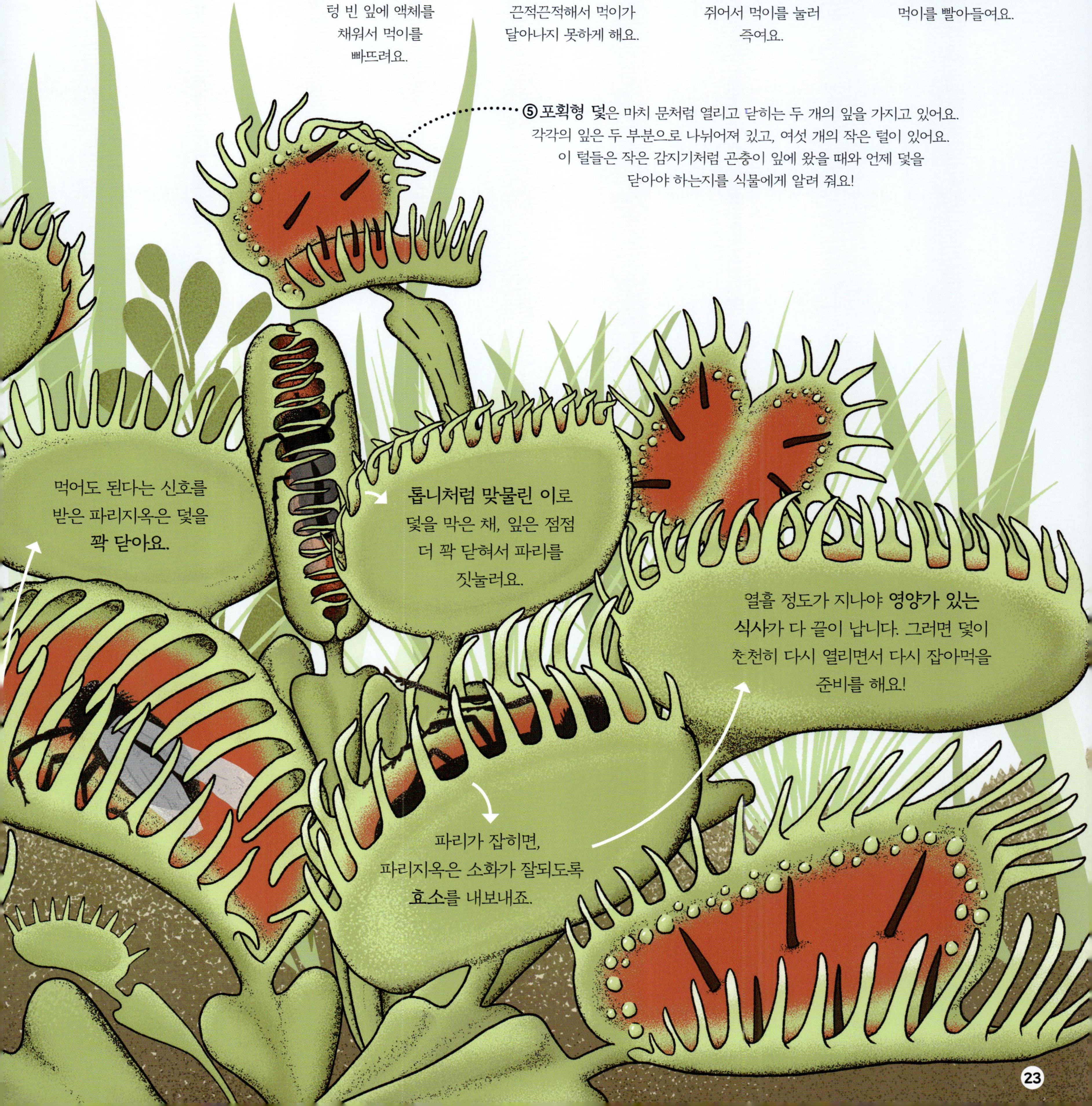

⑤포획형 덫은 마치 문처럼 열리고 닫히는 두 개의 잎을 가지고 있어요. 각각의 잎은 두 부분으로 나뉘어져 있고, 여섯 개의 작은 털이 있어요. 이 털들은 작은 감지기처럼 곤충이 잎에 왔을 때와 언제 덫을 닫아야 하는지를 식물에게 알려 줘요!

먹어도 된다는 신호를 받은 파리지옥은 덫을 **꽉 닫아요.**

톱니처럼 맞물린 이로 덫을 막은 채, 잎은 점점 더 꽉 닫혀서 파리를 짓눌러요.

파리가 잡히면, 파리지옥은 소화가 잘되도록 **효소**를 내보내죠.

열흘 정도가 지나야 **영양가 있는 식사**가 다 끝이 납니다. 그러면 덫이 천천히 다시 열리면서 다시 잡아먹을 준비를 해요!

꽃 이야기

꽃은 모양도, 크기도, 색깔도 정말 다양하지만, 기본적인 구조는 모두 같아요.

꽃의 각 부분은 꽃이 번식하거나 새로운 꽃으로 자라도록 돕는 역할을 해요.

꽃과

모든 꽃은 과(科)에 속하고, 같은 과의 꽃들은 비슷한 특징을 가지고 있어요.

붓꽃과의 꽃은 꽃받침 3개, 꽃잎 3개, 수술 3개로 꽃의 부분이 3개씩 있어요.

장미과의 꽃은 꽃잎이 5개이고 그릇 모양으로 활짝 펴 있으며, 가운데에 수술이 모여 있어요.

국화과의 꽃은 작은 꽃이 여러 개 모여 머리 모양의 두상화를 이루고 있어요.

꽃의 종류

꽃은 피었다가 지는 데 얼마나 걸리느냐에 따라 나뉘어요.

일년생(한해살이) 꽃은 한 계절 안에 피고 지며 한 살을 끝내요.

이년생(두해살이) 꽃은 피었다가 지는 데 2년이 걸려요.

다년생(여러해살이) 꽃은 2년 이상 살고, 보통 매년 봄마다 다시 자라나요.

꽃의 구조

꽃의 순환

꽃가루의 여행

들꽃은 사람의 도움이 없어도 해마다 스스로 자라요.
벌과 나비 같은 곤충 덕분이죠.

곤충과 들꽃은 서로 좋은 친구예요. 곤충은 꽃이 씨앗을 만들도록 도와주고, 꽃은 곤충에게 꿀과 꽃가루를 먹게 해 주죠. 꽃은 수술에 있는 꽃가루가 암술로 옮겨질 때 자라며, 이 과정을 **'수분'**이라고 해요. 이를 통해 씨앗이 생기죠. 그리고 이렇게 꽃가루를 옮겨 주는 곤충을 **'꽃가루 매개자'**라고 해요.

꽃가루 매개자 친구들이 좋아하는 들꽃에는 어떤 특징이 있을까요?

꽃의 순환

꽃 속에서 일어나는 일

자연에는 꽃이 피는 식물이 정말 많아요.
이렇게 꽃이 다양한 이유는
'수정' 덕분이에요.

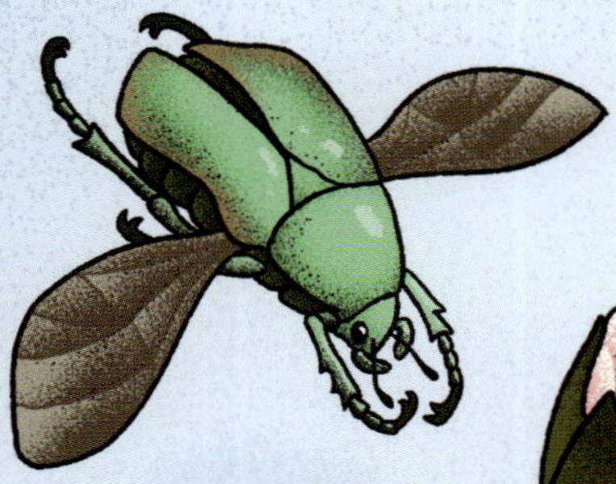

수정은 식물의 수컷 부분과 식물의 암컷 부분의 생식 세포(성세포)가 결합해서 새로운 식물이 만들어지는 과정이에요. 식물에서는 이 과정이 수분한 뒤에 일어나요. 모든 꽃식물과 마찬가지로 **자이언트 수련**도 수술과 암술이 있지만, 첫날은 암술만 성숙해서 암꽃 역할을 하고, 둘째 날은 수술만 성숙해서 수꽃 역할을 하기 때문에 독특해요. 커다란 꽃이 단지 48~72시간 동안만 피기 때문에, 자이언트 수련은 번식을 확실하게 하기 위한 방향으로 진화했거든요.

새벽이 가까워지면, 꽃은 딱정벌레를 안에 가둔 채 꽃잎을 오므려요.

첫째 날 밤, 하얀 자이언트 수련이 활짝 피어요. 이때는 **암꽃**이에요.

가까이 있던 **딱정벌레**가 꽃에서 나는 파인애플 향을 맡고 날아와 앉아요.

딱정벌레 몸에 묻은 다른 꽃의 **꽃가루**가 암꽃의 암술머리로 떨어져요.

꽃이 피는 식물에는 수컷과 암컷 생식 세포가 모두 있어요.

암술머리에서 씨방으로 내려가는 **꽃가루관**이 자라, 꽃가루가 난자로 이동하는 길을 만들어요.

씨방에서는 꽃가루와 난자에서 온 두 생식 세포가 합쳐져 하나의 수정 세포인 **수정란**이 만들어져요.

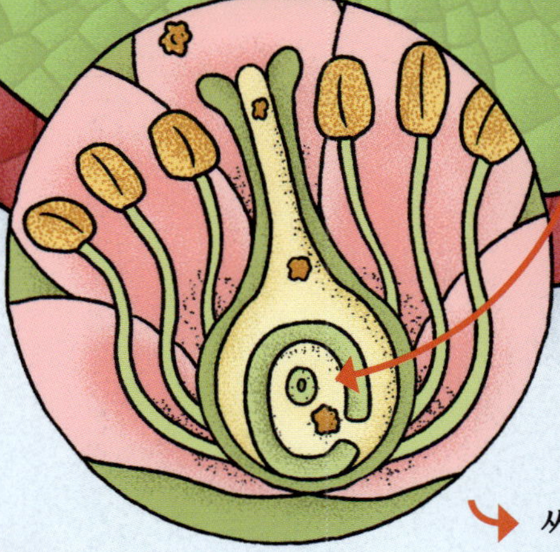

수정란은 증식하고 자라서 **씨앗**으로 발달해요.

수컷 생식 세포는 꽃가루에 있고, 꽃밥에서 만들어져요.

암컷 생식 세포는 밑씨에 있고, 씨방에서 만들어져요.

다음 날 밤, 꽃은 다시 피지만 이번에는 분홍 꽃을 피워요. 딱정벌레는 수꽃이 된 자이언트 수련의 **꽃가루를 새로 묻힌 채** 날아가요.

꽃의 임무가 끝나면, 꽃은 씨앗을 데리고 물속으로 **가라앉아요.**

다른 꽃의 꽃가루를 받아 수정하는 **교차 수정**이 식물에 좋은 이유는, 멸종으로 이어질 수도 있는 **자가 수정**을 피할 수 있기 때문이에요.

꽃봉오리가 활짝

꽃이 꽃잎을 펼치며 강렬한 색깔과 화려함을 드러내는 모습을 본 적이 있나요?

작은 꽃봉오리가 아름다운 꽃으로 바뀌는 변화를 **'개화'**라고 해요. 단어 자체만 들어도 에너지와 설렘이 팡 터지는 것처럼 들리죠. 실제로도 비슷해요. 개화는 봉오리가 겨울잠에서 깨어나서 새로운 계절에 꽃을 피울 준비를 하는 과정이랍니다.

봉오리(싹) 안에는 잎, 줄기, 어린 꽃이 들어 있어요.

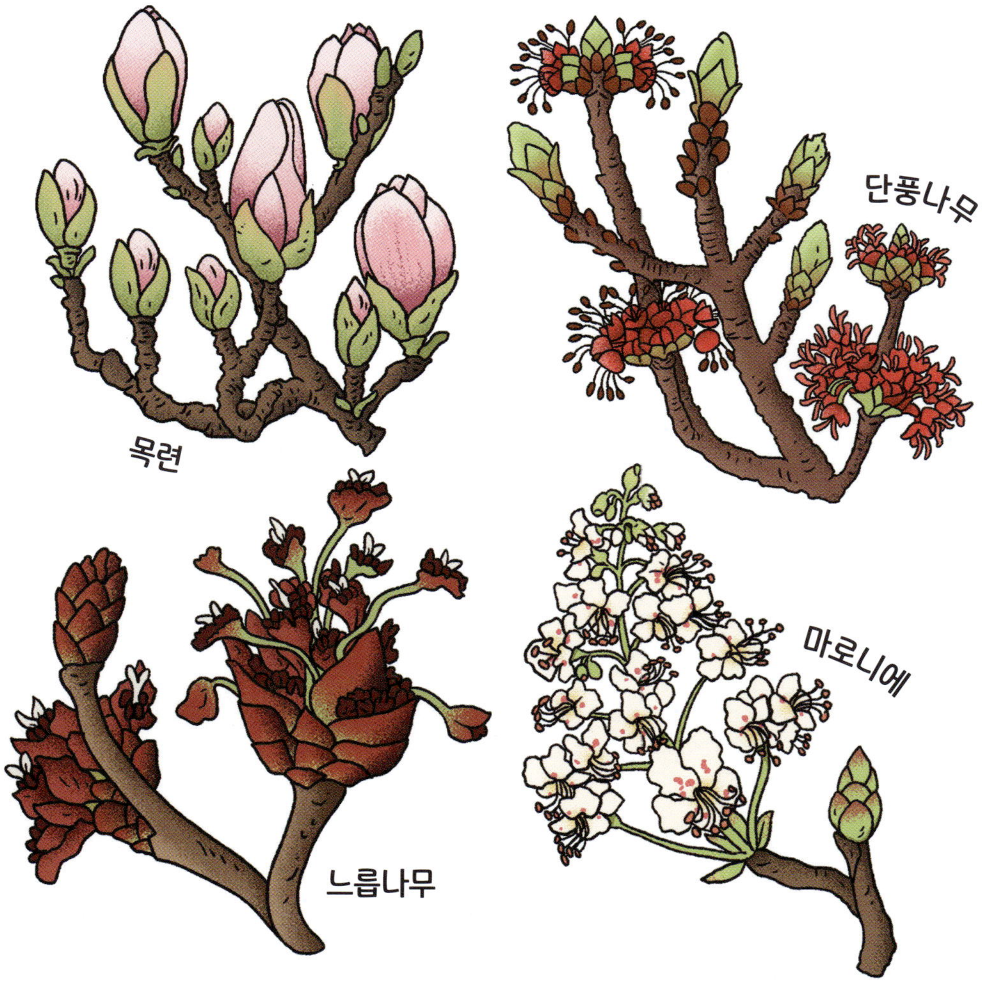

나무와 식물은 겨울 동안 잠에 빠져 있다가 다시 깨어나려면 특정 신호가 필요해요. 주요 신호는 싹 안에 있는 **호르몬**에서 나와요. 따뜻해진 온도와 더 짧아진 밤에서도 신호가 오죠. 그리고 어떤 과학자들은 가로등 같은 인공조명에도 개화가 일어날 수 있다고 해요!

싹 안에는 작은
꽃과 잎이 끈기 있게
기다리고 있어요.
봄이 다가오면
싹은 변화를
느껴요.
**수액이 나뭇가지를
따라 흐르기
시작해** 싹이 자랄
수 있도록 영양분을
전해 줘요.
싹은 더
이상 성장을
참지 못하고,
봉오리들을 **탁
터뜨려요.**
여린
꽃잎이 먼저
돋아나며,
꽃봉오리
밖으로 모습을
드러내요.
처음에는 꽃잎을 꼭 오므렸지만,
점점 꽃잎을 **펼쳐** 나가요.
꽃잎이 활짝 펼쳐지면, 선명한
분홍 꽃이 피어나요.
이제 **수분할**
준비가 되었어요!

진짜처럼 따라 해요!

사람들은 누군가를 따라 하면 모방을 하는 쪽이나 당하는 쪽이나 칭찬의 의미가 있지만, 난초에게 모방은 생존의 문제예요.

보통 꽃을 피우는 식물은 꽃가루 매개자에게 달콤한 꿀을 주지만, 많은 난초는 오직 한 종류의 꽃가루 매개자에게만 의존하기 때문에 그들을 유인하려면 **모방술**을 써야 해요. **파리난초**(오프리스난초)는 수많은 세대를 거치면서 암컷 곤충처럼 보이도록 진화했어요. 입술꽃잎(꽃의 잎)은 반들거리고, 다른 꽃잎에는 날개처럼 보이는 반사면과 검은 반점이 있지요. 파리난초는 이런 모습으로 꽃가루 매개자인 나나니벌을 끌어들여요.

파리난초가 암컷 나나니벌의 냄새를 흉내 낸 **화학 물질**을 내보내요.

그 냄새에 끌린 수컷 나나니벌은 짝을 찾았다고 생각하며 난초에 다가와요.

가까이 다가간 수컷 나나니벌은 꽃의 생김새가 암컷과 비슷한 것을 보고 진짜 암컷이라고 여겨요.

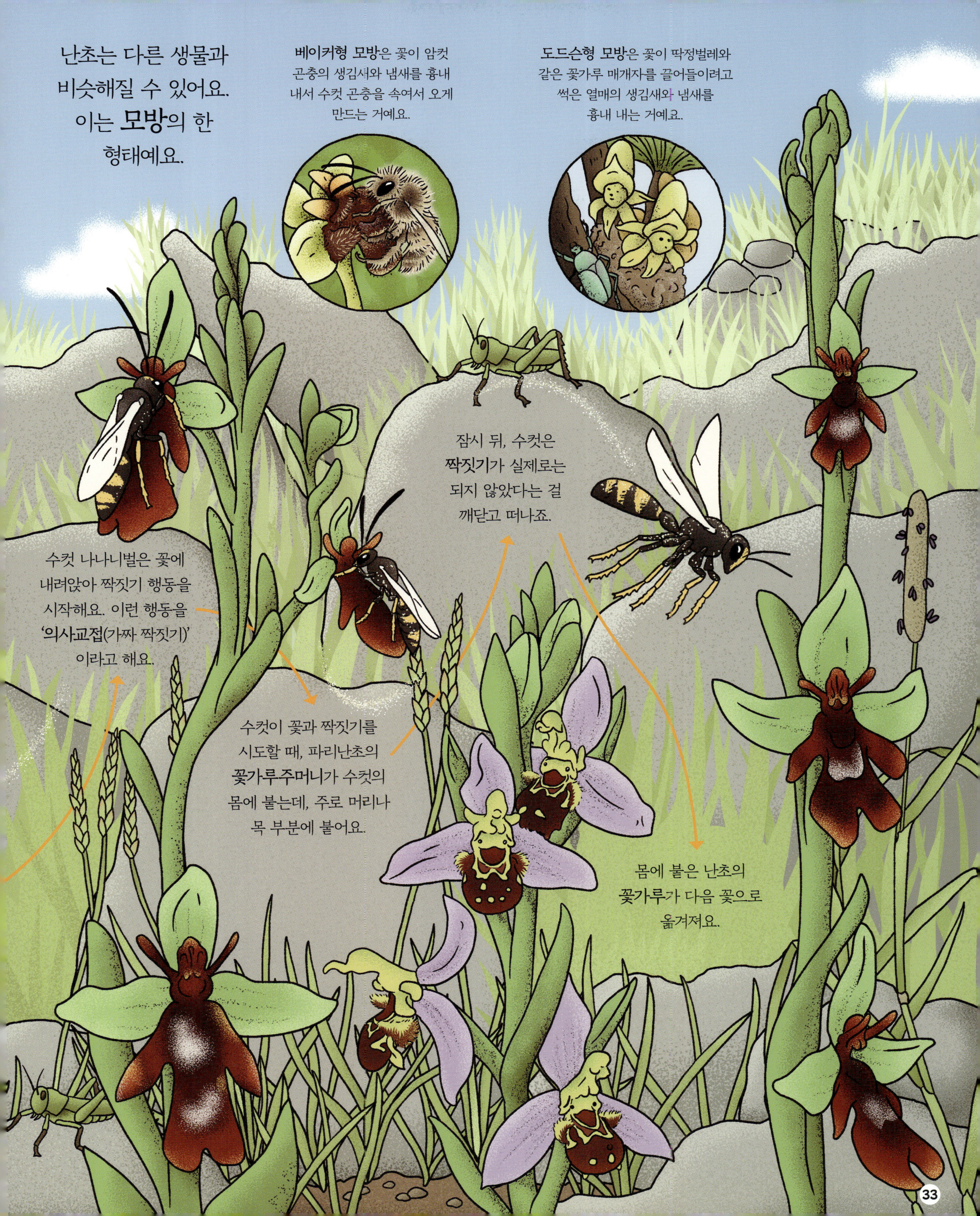

난초는 다른 생물과 비슷해질 수 있어요. 이는 **모방**의 한 형태예요.

베이커형 모방은 꽃이 암컷 곤충의 생김새와 냄새를 흉내 내서 수컷 곤충을 속여서 오게 만드는 거예요.

도드슨형 모방은 꽃이 딱정벌레와 같은 꽃가루 매개자를 끌어들이려고 썩은 열매의 생김새와 냄새를 흉내 내는 거예요.

수컷 나나니벌은 꽃에 내려앉아 짝짓기 행동을 시작해요. 이런 행동을 **'의사교접**(가짜 짝짓기)' 이라고 해요.

수컷이 꽃과 짝짓기를 시도할 때, 파리난초의 **꽃가루주머니**가 수컷의 몸에 붙는데, 주로 머리나 목 부분에 붙어요.

잠시 뒤, 수컷은 **짝짓기**가 실제로는 되지 않았다는 걸 깨닫고 떠나죠.

몸에 붙은 난초의 **꽃가루**가 다음 꽃으로 옮겨져요.

씨앗 이야기

모든 식물은 씨앗에서 시작해요.

씨앗이 어떻게 생겼든, 어떻게 이동하든, 어디에 자리 잡든 한 가지 사실은 변함없어요. 바로 씨앗에는 새로운 식물이 자라기 시작하도록 돕는 영양분이 들어 있다는 거예요.

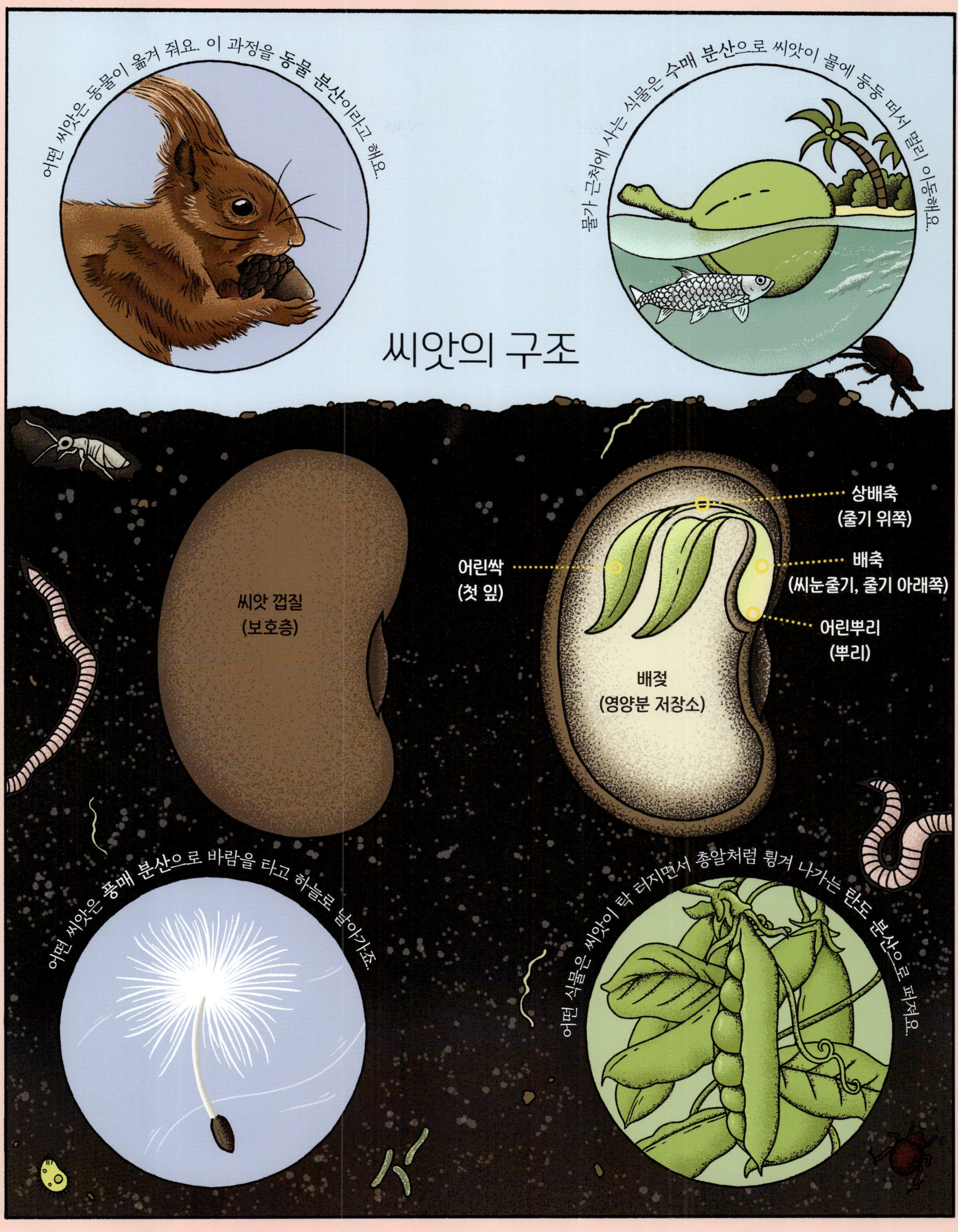
어떤 씨앗은 동물이 옮겨 줘요. 이 과정을 동물 분산이라고 해요.
물가 근처에 사는 식물은 수매 분산으로 씨앗이 물에 동동 떠서 멀리 이동해요.
씨앗의 구조
씨앗 껍질
(보호층)
어린싹
(첫 잎)
상배축
(줄기 위쪽)
배축
(씨눈줄기, 줄기 아래쪽)
어린뿌리
(뿌리)
배젖
(영양분 저장소)
어떤 씨앗은 풍매 분산으로 바람을 타고 하늘로 날아가죠.
어떤 식물은 씨앗이 탁 터지면서 총알처럼 튕겨 나가는 탄도 분산으로 퍼져요.

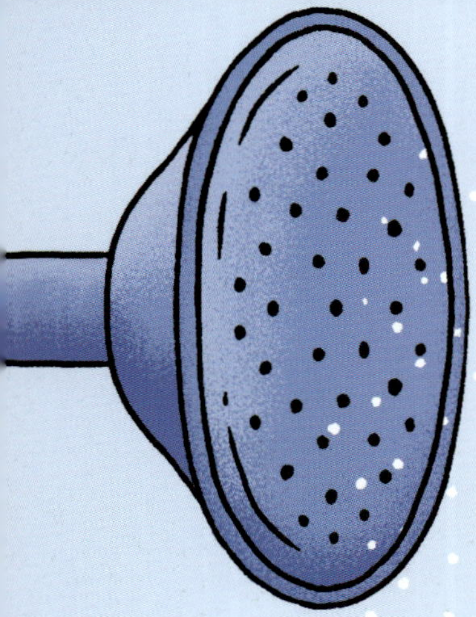

씨앗이 싹트는 순간

씨앗에서 식물이 어떻게 자라기 시작하는지 궁금해한 적이 있나요?

식물은 씨앗에서 시작해요. 씨앗에서 식물이 자라는 과정을 **'발아'**라고 해요. 발아는 속씨식물이나 겉씨식물의 씨앗에서 일어날 수 있어요. 씨앗 껍질은 두툼한 겉옷처럼 안에 든 작은 식물을 보호하는데, 발아가 일어나려면 물기가 씨앗 껍질 안으로 스며들 수 있어야 해요. 껍질 안으로 물이 들어오는 방법은 몇 가지가 있어요. 추운 날씨에 껍질이 부서져서 틈이 벌어지기도 하고, 때로는 작은 동물이 껍질을 살짝 건드리기도 해요.

씨앗이 싹트려면 꼭 필요한 조건이 있어요. 대부분의 씨앗은 발아하기 위해 4가지 조건을 갖추어야 해요.

작은 뿌리가 **어린뿌리**로 자라 흙 속으로 뻗어 내려가기 시작해요.

그리고 초록색 **싹**이 땅 위로 쏙 올라와요.

싹은 해를 향해 자라면서 잎이 돋아나기 시작해요. 이제 싹은 **어린 모종**이 되었어요.

어린 모종은 씨앗에 남아 있는 영양분으로 계속 자라다가, 스스로 **광합성**을 하여 영양분을 만들 만큼 튼튼해지면 본격적으로 자라요.

그리고 시간이 지나면 언젠가 새로운 **씨앗**을 만들어, 씨앗의 순환이 다시 시작돼요.

바람으로 이동하는 씨앗

대부분의 식물은 일단 자라기 시작하면 스스로 움직일 수 없지만,
지구 어디에서나 식물을 볼 수 있어요. 바로 식물이 씨앗을 퍼뜨리기 때문이죠.

식물은 너무 가까이 모여 자라면, 흙 속의 영양분과 같은 자원을 두고 서로 경쟁하게 돼요. 그래서 씨앗은 경쟁이 적은 어딘가로 이동하죠. **민들레**는 식물계에서 가장 여행을 잘하는 식물 중 하나랍니다.
민들레 씨앗은 바람을 타고 가기만 해도 최대 100킬로미터까지 이동할 수 있어요!

풍매 분산은 씨앗이 바람을 타고 이동하는 것을 말해요. 씨앗의 모양 덕분에 바람을 타고 멀리 퍼질 수 있어요.

플라타너스 씨앗은 작은 헬리콥터처럼 공중에서 핑핑 **돌며** 날아요.

자바 오이의 씨앗은 커다란 날개가 달려 있어서 먼 거리를 **미끄러지듯 날아갈 수** 있어요.

자카란다 나무의 씨앗은 얇은 종이처럼 생긴 날개로 **펄럭거리며** 멀리 이동해요.

비가 오거나 안개가 끼면, 꽃받침이 다시 닫혀요. 이런 날씨에는 날아가기 어렵거든요!

날씨가 **맑고** 바람이 불기 시작하면, 꽃받침이 다시 열려요. 이제 날아갈 시간이에요!

민들레 씨앗이 꽃 머리(두상화)에서 툭 떨어져 나와요. 씨앗은 솜털 같은 갓털 낙하산을 타고 **바람에 흩날려요.**

마침내 민들레 씨앗이 **땅에 떨어지면,** 새로운 민들레로 자라면서 씨앗의 순환이 다시 시작돼요.

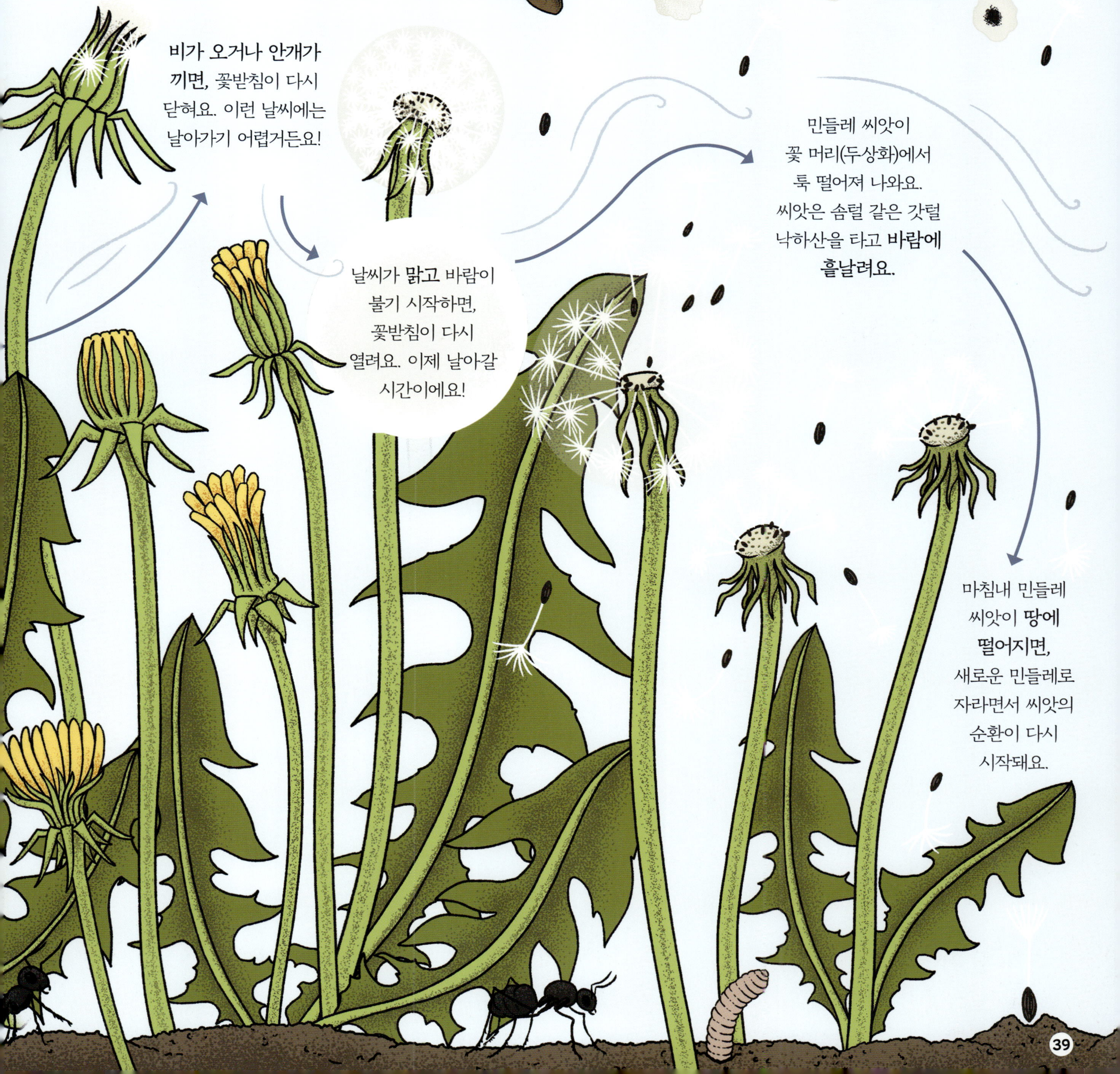

씨앗의 순환

동물이 옮겨 주는 씨앗

아주 작은 곤충부터 큰 포유류까지, 크기도, 종류도 다양한 동물들이 식물의 씨앗이 퍼지는 것을 도와줘요.

가을이 오면 무화과나무에서 **무화과**가 뚝 떨어져요. 무화과가 자라려면 햇빛이 필요한데, 커다란 무화과나무 밑은 너무 그늘져서 햇빛을 받을 수 없어요.

달콤한 무화과 향을 맡은 **고함원숭이**가 나무에서 내려와서…

무화과를 하나씩 통째로 꿀꺽 삼켜요!

무화과는 원숭이 뱃속에서 분해되거나 **소화되지만,**

동물 분산은 동물이 씨앗을 옮겨 주는 방법이에요. 씨앗의 종류에 따라 방법이 달라져요.

무화과 열매는 달콤한 냄새가 나요. 그래서 호기심 많은 영장류를 끌어들이기에 딱 좋아요. 영장류는 2킬로미터나 떨어져 있어도 잘 익은 열매의 냄새를 맡을 수 있거든요. 원숭이는 무화과를 씨앗까지 다 먹어 치운 뒤에 똥으로 내보내요. 무화과 씨앗이 원숭이 뱃속으로 들어가면, 소화 기관이 단단한 무화과 껍질을 분해해요. 덕분에 씨앗은 나중에 더 쉽게 싹틀 수 있어요.

겉이 꺼끌꺼끌한 씨앗은 동물이 지나갈 때 털에 착 달라붙어요.

도토리 같은 열매는 먹이를 저장하는 동물이 땅속에 묻어요.

과일 속 씨앗은 동물의 뱃속에 있다가 멀리 이동해요.

씨앗은 으깨지지 않아요. **단단한 껍질**이 씨앗을 지켜 주거든요.

며칠 뒤, 씨앗은 원숭이 **똥**과 함께 쑥 나와요.

툭! 무화과 씨앗은 커다란 무화과나무의 **그늘에서 멀리** 떨어진 곳에 자리 잡았어요.

이제 무화과 씨앗은 햇빛을 받을 수 있어요. 언젠가 **싹이 트면** 새로운 무화과나무가 될 거예요!

씨앗의 순환

물 위를 떠다니는 씨앗

물속이나 물가에 사는 식물은 자신이 사는 환경을 이용해 씨앗을 퍼뜨려요.

수매 분산 또는 물 분산은 식물의 씨앗이 자랄 곳을 찾도록 물이 도와주는 거예요. 코코넛은 힘든 환경에서도 잘 살아남을 만큼 강해서 수매 분산을 가장 잘해요. 코코넛은 바다에서 수천 킬로미터를 이동할 수 있어요. 그리고 단단한 껍질이 안에 든 씨앗을 보호해서 안전하게 싹이 날 수 있도록 지켜 줘요.

열대 나무에 **잘 익은 코코넛**이 4개 달려 있어요.

바닷바람이 살살 불어와 나뭇잎을 스치면, 코코넛 하나가 흔들리다 모래 위에 툭 **떨어져요.**

밀려오는 파도가 코코넛을 잡아끌어 익숙한 해안에서 멀리 데려가요.

코코넛은 물 위를 둥둥 떠다니고, 껍질의 **두꺼운 섬유질 층**이 안에 든 씨앗을 지켜 줘요.

며칠이 몇 주로
바뀌면서, 코코넛은
바닷물 위에서
이리저리 뒤집히며
떠밀려 다녀요.

그러다가 마침내
코코넛은 **새로운 해안**에
도착해요.

코코넛은 모래에
자리를 잡고서 **햇빛**을
기다려요.

몇 달이 지나, **초록빛의**
작은 새싹이 껍질을 뚫고
쑥 올라와요.

이제 코코넛 속 씨앗은 뿌리를
내리고, 쑥쑥 빠르게 자라서
곧 **코코넛 나무**가 될 거예요.

수매 분산 하는 씨앗은
물에 둥둥 떠 있다가 부모
식물(어미 나무)에서 멀리
떨어진 곳에 뿌리를 내려요.

수련 씨앗

물박하 씨앗

붉은 맹그로브 씨앗

버섯 이야기

버섯은 식물도, 동물도 아니고, 그 자체로 따로 분류되는 균류예요.

버섯에게는 영양분이 풍부한 흙과 비가 많이 오는 숲이 가장 살기 좋은 곳이에요.

버섯은 무얼 먹고 살까?

버섯은 동물처럼 먹이를 먹을 수도 없고, 엽록소가 없어서 녹색 식물처럼 스스로 양분을 만들 수도 없어요. 대신에 버섯은 주위 환경에서 영양분을 흡수해요.

버섯의 구조

버섯은 어떻게 자랄까?

버섯 몸체의 대부분은 땅속에서 작고 가지처럼 뻗은 실 모양(균사)으로 자라요. 땅 위로 자라는 부분을 '자실체'라고 부르는데, 버섯 전체에서 아주 작은 부분이에요. 이 자실체에서 아주 작은 입자인 '포자'가 만들어져요. 포자는 씨앗처럼 퍼져서, 떨어진 곳마다 새로운 버섯이 자라요.

상리 공생: 서로 도우며 살아요

대부분의 균류는 눈에 잘 보이지 않고, 흙 속에서 식물과 서로 협력하며 살아가요.

그중 **균근**이라는 균류는 특정 나무와 함께 살아가며 서로에게 이익을 줘요. 이런 공생 관계를 '상리 공생'이라고 해요.

광대버섯이 **포자**를 내보내요. 포자는 떠다니다가 새로운 장소에 자리 잡아요. 이 중 하나가 자작나무 껍질 근처에 떨어졌어요.

포자는 싹을 틔우면서 **'균사'**라고 하는 아주 가느다란 실을 만들어요.

균사가 자라면서 자작나무 뿌리 주변을 감싸듯 퍼져 나가요.

얼마 후, 이 광대버섯은 다시 포자를 내보낼 준비를 해요. 이렇게 놀라운 **상리 공생**은 계속 이어져요.

균류인 버섯은 균사 덕분에 흙에서 **영양분**을 얻어요. 균사는 스스로 영양분을 찾기 힘든 자작나무에 영양분을 전달해요.

그 대신 균사는 자작나무에서 **당분**을 받아요.

영양분과 당분을 주고받으면서 자작나무는 땅 위에서 **쑥쑥 자라고**, 균류는 땅속에서 **쑥쑥 자랍니다.**

기생: 남의 것을 빼앗기도 해요

어떤 균류는 동물이나 식물과 서로 도움을 주고받으며 살아가지만, 어떤 균류들은 해를 끼치기도 해요.

기생성·병원성 균류라고 알려진 이런 균류는 다른 생물과 공생 관계를 이뤄요. 서로에게 이로운 상리 공생과 달리, **기생**은 한쪽만 이익을 얻고, 다른 쪽은 그 희생으로 피해를 입는 관계예요.

동충하초는 곤충을 감염시킨 후, 곤충 몸속의 영양분을 포자로 바꿔서 버섯의 번식을 도와요.
뽕나무버섯은 나무뿌리에 붙어서 영양분과 물을 빼앗아 먹어요. 그러면 나무는 힘을 잃고 결국 죽게 돼요.
개미는 평소보다 **더 높은 곳으로 올라가고,** 안전하게 매달릴 수 있는 자리를 찾아요.
그리고 떨어지지 않으려고 잎을 **꽉 물어요.**
그 자리에서 개미는 **죽어요.** 그 후 3주가 지나면 **균류의 줄기**가 개미 머리를 뚫고 나오면서 개미 몸 밖으로 나와요.
포자가 가득한 줄기는 땅을 향하고…
… **위험한 포자**를 퍼뜨리며, 이 놀라운 기생의 순환을 다시 시작할 준비를 해요.

버섯의 순환

썩은 것들을 분해해요

자연에는 쓸모없는 것이 하나도 없어요.

자연은 '분해자'라고 불리는 유기체가 있어서 스스로 재활용해요. 분해자는 죽은 식물과 동물을 분해하면서 탄소와 질소 같은 영양분을 흙과 공기, 물로 돌려보내요. 이 과정을 **'분해'**라고 해요. 분해자가 없다면, 식물과 동물도 살 수 없어요.

균류는 중요한 분해자예요.

어떤 균류는 **전문적**이라서 특정한 종류의 유기물만 분해해요. **다형콩꼬투리버섯**은 집이나 가구를 만드는 데 쓰는 나무를 분해해요. 분해한 뒤 남은 찌꺼기는 동물이 먹어요.

다른 균류들은 **가리지 않고** 여러 종류의 물질을 다 먹어요. **느타리버섯**은 잎을 이끼로 분해하고, 심지어 플라스틱도 분해해요!

균류는 **단순당**과 같은 분해 물질을 흡수해서 양분과 에너지로 써요.

남은 분해 물질에는 **무기질과 영양분**이 들어 있어서 식물이 자라는 데 쓸 수 있어요.

먼지버섯은 땅 위로 새 **자실체**(포자를 만들어 내는, 눈에 보이는 버섯의 몸 부분)를 만들어요.

먼지버섯이 다시 자라면, 포자를 내보내고 **분해의 순환**이 다시 시작되죠.

질소의 순환

식물은 질소가 없으면 살아갈 수 없어요.

동물들은 땅 위에서 식물을 먹거나, 식물을 먹은 동물을 잡아먹어요!

땅속에서는 식물 뿌리의 **질소 고정 세균**이 공기 중의 질소 기체를 흡수해서, 식물이 단백질을 만들 수 있는 형태로 바꿔 줘요.

동물은 식물의 단백질을 대부분 **소화해요**. 하지만 단백질을 다 저장할 수 없어서 나머지는 똥으로 나와요.

지구 대기를 이루는 공기의 약 80퍼센트가 질소예요. 하지만 질소는 식물이 바로 쓸 수 없는 형태로 되어 있어요.
그래서 **질소 순환**이 꼭 필요해요.
질소 순환은 질소를 다른 형태로 바꿔 주는 끊임없는 과정이에요. **박테리아**(세균)와 **균류**는 질소 순환에서 매우 중요해요. 질소가 흙에 흡수되면, 박테리아와 균류가 질소를 식물이 흡수할 수 있는 형태로 바꿔 주거든요.
그리고 동시에, 동물도 식물에서 질소를 얻어요.

계절 이야기

대부분의 지역에서는 날씨가 일 년 동안 일정한 변화에 따라 바뀌어요.
이런 변화를 **'계절'**이라고 해요.

계절은 왜 생길까요?

지구는 완전히 똑바로 서 있지 않아요. 지구는 자전축을 기준으로 23.5도 기울어져 있어요. 이 기울어진 자전축 때문에 햇빛이 지구 곳곳마다 다른 각도로 비치게 돼요. 그래서 계절이 생기는 거예요.

위도는 지구를 둥글게 둘러싸며, 고리처럼 이어진 가상의 선이에요. 적도는 위도가 0도이고, 적도를 기준으로 남쪽과 북쪽의 위도를 측정해요. 위도가 높을수록(적도에서 멀어질수록) 햇빛이 더 비스듬하게 비쳐요.

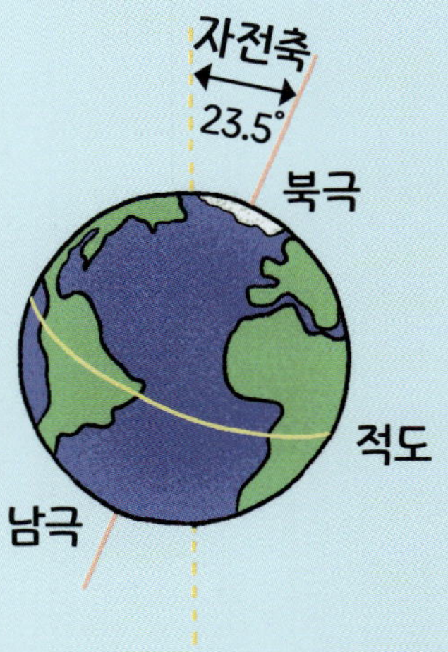

▲ 북반구의 계절

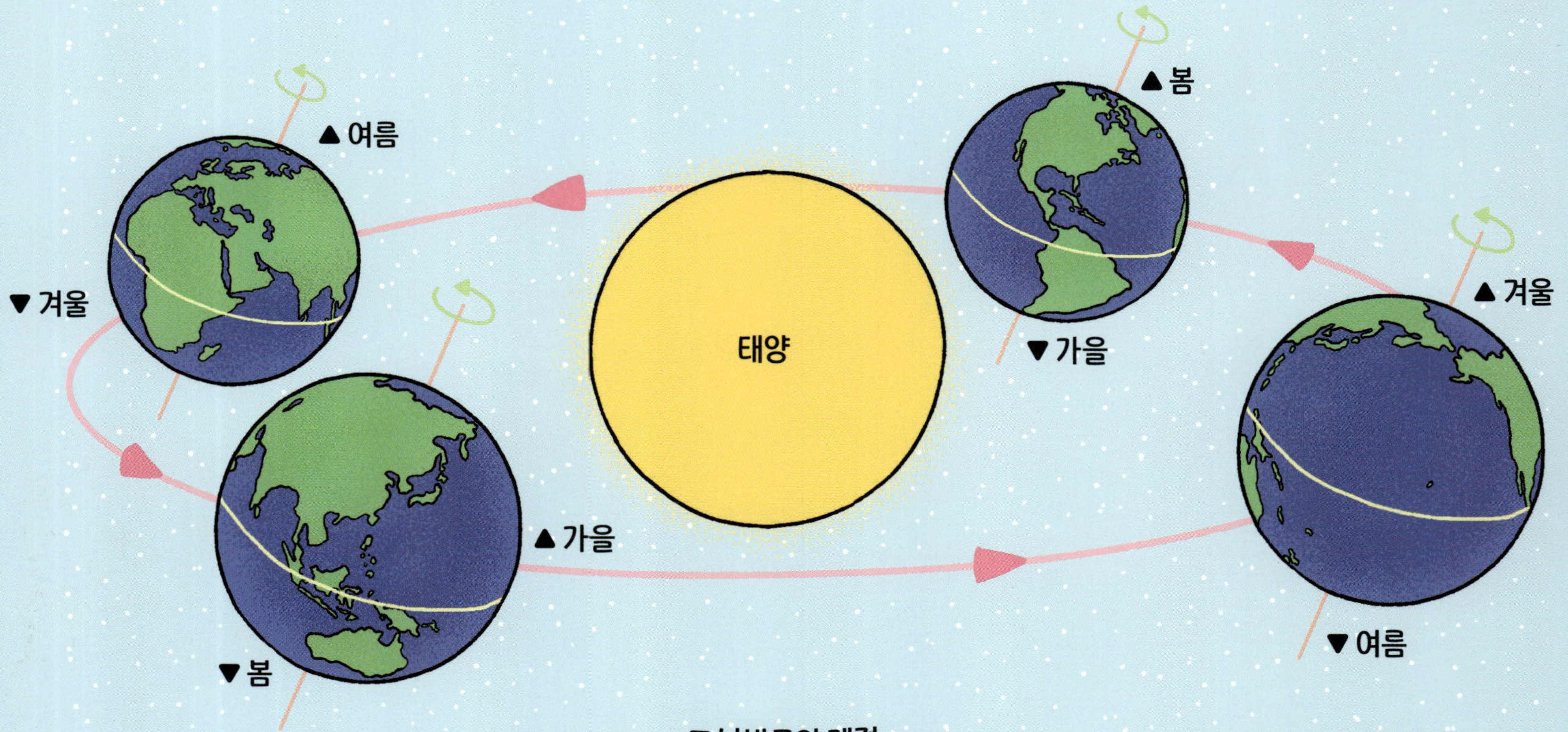

▼ 남반구의 계절

반구(지구의 절반)가 태양 쪽으로 기울어지면, 낮이 길어지고 따듯한 날씨인 여름이 돼요.
반대로 반구가 태양에서 멀어지면, 낮이 짧아지고 추운 날씨인 겨울이 되죠. 계절이 바뀌면 식물도 변해요.
그리고 동물도 날씨에 맞게 행동이 달라지죠.

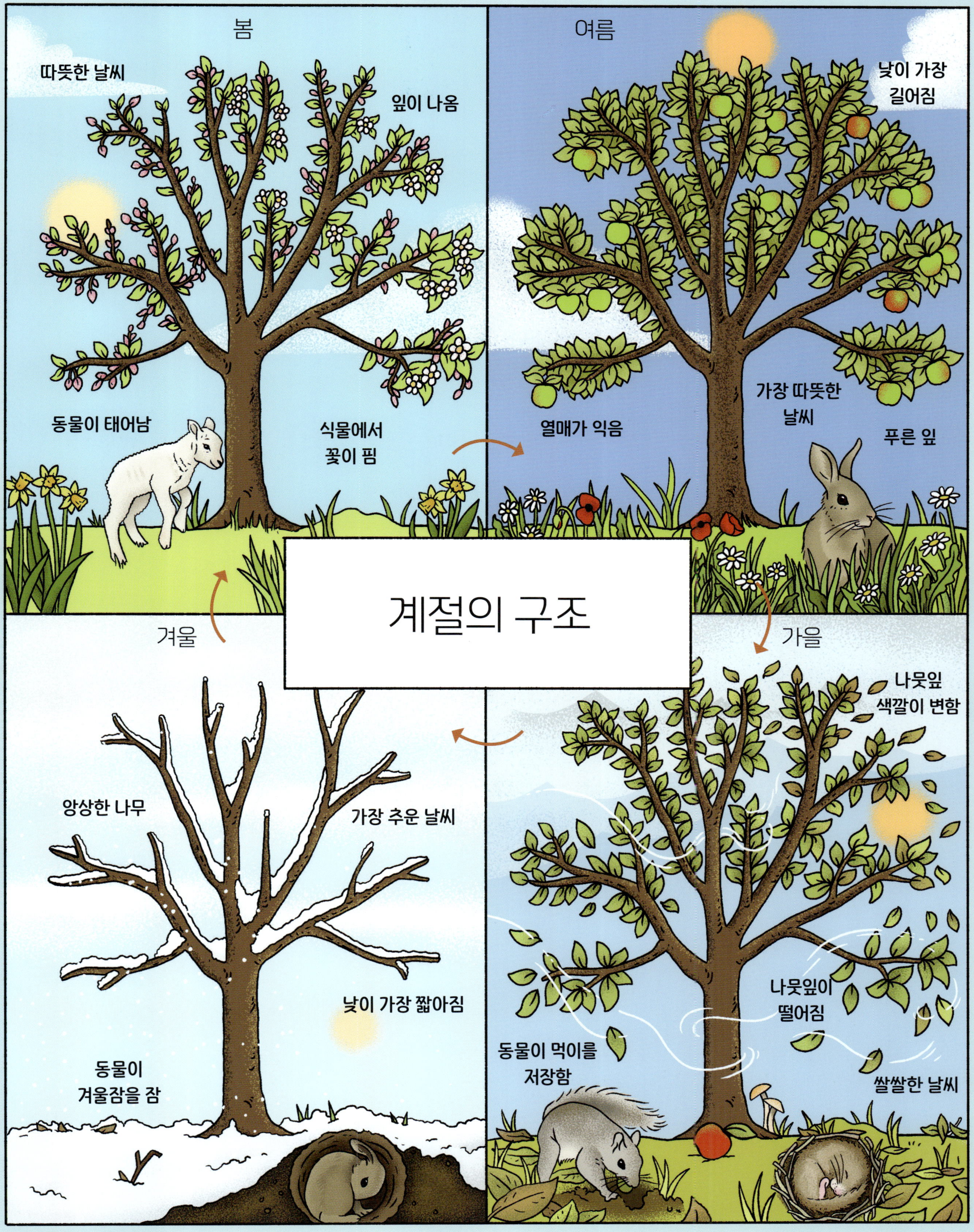
계절의 구조
봄
따뜻한 날씨
잎이 나옴
동물이 태어남
식물에서
꽃이 핌
여름
낮이 가장
길어짐
가장 따뜻한
날씨
열매가 익음
푸른 잎
겨울
앙상한 나무
가장 추운 날씨
낮이 가장 짧아짐
동물이
겨울잠을 잠
가을
나뭇잎
색깔이 변함
나뭇잎이
떨어짐
동물이 먹이를
저장함
쌀쌀한 날씨

계절의 순환

둥지 짓기

봄은 동물의 세계에서
부모 동물들이 가장 바쁜 시기예요.

봄은 새끼를 키우기에 아주 좋은 때예요. 낮이 길어져서 햇빛이 많아 따뜻하거든요. **따뜻한 봄**에는 식물과 곤충이 갑자기 많아지기 때문에 새끼에게 줄 충분한 먹이를 꾸준히 구할 수 있어요.

봄이 끝나 갈 무렵이면 찌르레기의 둥지는 텅 비어요. 아기 새들은 독립했고, 부모 새는 다음에 태어날 새끼들을 위해 계절의 순환을 다시 시작해요.

약 10~19일이 지나면, 아기 새들은 **첫 비행**을 시도할 정도로 튼튼해져요. 이제 둥지를 떠나 날아갈 수 있죠.

부모 새는 이제 왔다 갔다 날아다니며 **배고픈 새끼**에게 벌레를 잡아다 줘요.

둥지 짓기는 동물들이 알을 낳고 새끼를 키우기 위해 집을 만드는 거예요.

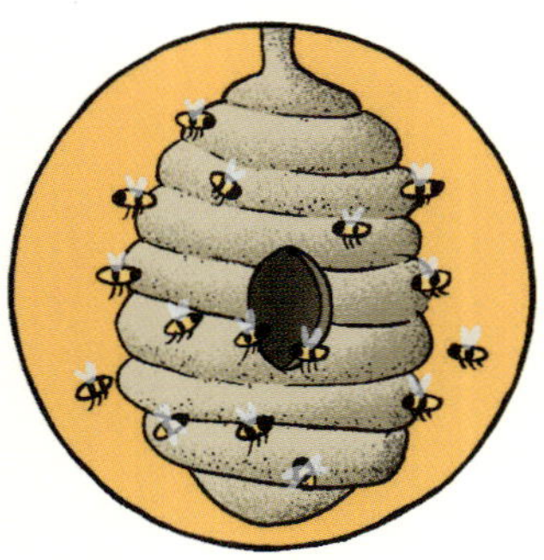

벌은 밀랍과 식물의 섬유로 **벌집**이라는 둥지를 만들어요.

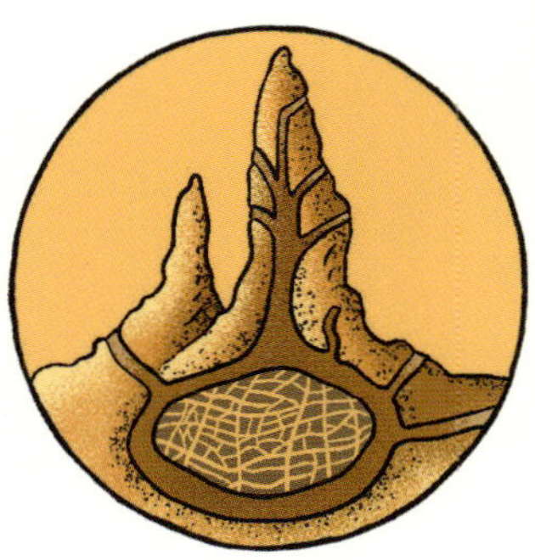

아주 작은 흰개미는 나무, 진흙, 침을 잔뜩 쌓아서 **언덕처럼 생긴 집**을 지어요. 하지만 작은 건 흰개미일 뿐, 집은 절대로 작지 않아요!

날씨가 따뜻해지면, **수컷 찌르레기**는 둥지를 틀 안전한 장소를 찾아다녀요.

암컷 찌르레기는 둥지를 짓는 일을 맡아요. 암컷은 나뭇가지와 나뭇잎, 풀, 심지어 이끼까지 재료를 모아요.

암컷은 그 재료들을 정성스럽고 솜씨 있게 엮어서, **컵 모양의 둥지**를 만들어요. 새끼들이 살기에 딱 좋은 집이죠.

이제 암컷은 **알을 낳을 수** 있어요.

약 12일 동안 암컷은 알을 **따뜻하게** 품어요. 암컷이 둥지에 있는 동안에는 수컷이 먹이를 가져다줘요.

새끼들이 나올 준비가 되었어요. 새끼들은 **난치**(새끼들이 부화해서 나올 때 쓰는 부리 끝)로 안에서 알껍데기를 콕콕 쪼아서, 세상 밖으로 나와요.

계절의 순환

번식으로 이어지는 생명

여름에는 많은 동물들이 새끼를 낳을 준비를 해요.

대부분의 동물은 **번식**이라는 과정을 통해 새끼를 낳아요. 번식에는 두 부모, 즉 수컷과 암컷이 필요하고, 각각 생식 세포를 내놓아요. 암컷의 난자와 수컷의 정자가 결합하는 과정을 수정이라고 해요. 수정이 되면, 새로운 생명이 시작돼요. 동물들은 보통 먹이가 풍부하고 날씨가 따뜻할 때 번식해요. 제왕나비는 **여름**에 번식해요. 제왕나비는 수명이 짧아서 번식기인 2~5주 동안만 살아요.

많은 종들이 일 년 중 특정한 시기에 번식을 해요.

따뜻한 **여름날**, 수컷 제왕나비가 암컷을 찾고 있어요.

오랫동안 뱃속에 새끼를 품는 동물들은, 겨울에 번식하고 봄에 새끼를 낳는 **단일성 번식 동물**이에요.

장일성 번식 동물은 여름에 번식하며, 임신 기간이 짧아서 같은 계절에 새끼가 태어나요.

암컷을 발견하면, 수컷은 조심스럽게 암컷 주위를 맴돌며 **날개를 윙윙 흔들어** 암컷의 관심을 끌어요.

암컷은 날개 사이에서 **배**가 튀어나오도록 자세를 바꿔요.
이제 두 제왕나비는 나란히 **꼬리를 맞대며** 짝짓기 자세를 취해요.
둘은 이 자세로 몇 시간 동안 그대로 있을 수 있는데, 그동안에 수컷은 암컷에게 **정자**를 전달해요.
짝짓기가 끝난 후, 두 나비는 서로 떨어져요. 암컷은 수컷의 정자를 몸에 저장해 두었다가 **난자를 수정해요.**
암컷 제왕나비는 알을 낳기 전, 곧 태어날 애벌레들이 먹을 **좋은 식물**을 찾아요. 보통은 아스클레피아스(밀크위드)라는 식물을 골라요.
번데기
알은 **애벌레**가 되고, **번데기**가 되고, 마침내 **성충**(어른 나비)이 돼요. 그리고 그 성충이 다시 번식하면서 생명의 순환은 계속되죠.

먹이 저장법

가을은 풍요로운 계절이에요.

동물의 세계에서는, **'저장'**이 겨울을 준비하는 생존 전략이에요. 영양이 부족해질 때를 대비해 먹이를 충분히 모아서 쌓아 두는 거죠. **가을**에는 나무 같은 식물에서 견과와 씨앗, 열매가 많이 열려요. 동물들은 이 시기를 놓치지 않고 추운 겨울을 버티기 위해 최대한 많은 먹이를 모아요.

숲에 **가을**이 오면, 도토리가 땅에 툭툭 떨어져요.

숲에 사는 동물들이 가장 영양이 풍부한 잘 익은 **도토리**를 냄새로 찾아내요. 다람쥐가 맛있어 보이는 도토리를 집으면…

저장에는 두 종류가 있어요.

분산 저장은 먹이를 여러 장소에 나눠서 저장하는 거예요.

집중 저장은 먹이를 한 군데에 몰아서 저장하는 거예요.

… 이제 그 도토리를 **묻기**에 좋은 곳을 찾아야 해요!

다람쥐는 나중에 위치가 잘 생각나도록 **기억하기 쉬운 장소 근처**에 도토리를 숨겨요.

딱 좋은 곳을 찾으면, 땅에 **작은 구멍**을 파요.

그 안에 도토리를 넣고, **흙**으로 살살 덮은 뒤 꾹꾹 눌러요.

그리고 다람쥐는 다시 또 바쁘게 움직여요! 숲 여기저기에 수없이 많은 도토리를 묻는 **분산 저장**을 하면서 가을을 보내죠. 겨울이 올 때까지 말이에요!

겨울이 되어 먹이가 부족해지면, 다람쥐는 뛰어난 기억력으로 자신이 묻어 두었던 도토리를 하나씩 **찾아내요**.

높은 산의 숲에 **겨울**이 찾아오면, 나무에 눈이 소복이 쌓여요.

곰은 산딸기, 견과, 생선을 잔뜩 먹은 뒤라 배가 불러요. 엄청나게 많이 먹는 **과식증**은 곰이 겨울잠을 자기 전에 살을 찌우려는 생물학적 본능 때문이에요.

계절의 순환

겨울잠을 자는 동물들

춥고 어두운 겨울 동안, 어떤 동물들은 마치 사라진 것처럼 보여요. 왜 그런 걸까요?

동면(겨울잠)은 몇몇 동물이 **겨울** 동안에 아주 길고 오래 자는 특별한 잠이에요. 잠깐 자는 낮잠이 아니에요! 동면은 먹이가 부족하고 날씨가 혹독할 때 동물이 살아남도록 해 주는 특별한 휴식이에요. 동물들은 동면을 하는 동안에 소리를 내지 않고, 거의 움직이지도 않아요. 냄새도 훨씬 적게 나죠. 그래서 이렇게 깊이 잠들면 공격받기 쉬운데도 실제로는 포식자가 찾기 힘들어요.

곰 말고도 겨울잠을 자는 동물이 또 있어요.

무당벌레는 나쁜 날씨로부터 서로를 보호하려고 몸을 포개고 모여 있어요.

겨울잠쥐는 따뜻하게 하려고 길고 푹신한 꼬리로 얼굴과 몸을 감싸죠.

새들 중에서는 오직 **푸어윌쏙독새**만 겨울잠을 잔다고 해요.

하지만 그 전에 먼저 **굴**을 만들어야 해요. 곰은 자신이 들어갈 수 있을 만큼 큰 집을 지을 때까지 굴을 파죠.

바닥에 나뭇잎과 솔잎과 부드러운 이끼를 깔아서 **따뜻하게** 만들어요.

굴 안에 들어가면, 곰은 **심박수**가 느려지고 **체온**도 내려가요.

곰은 저장해 둔 지방을 에너지로 쓰면서, 최대 7개월 동안 **동면**하며 잠에 빠져들어요.

굴속에서 깊이 잠든 채, 곰은 **봄**이 오기를 기다렸다가 밖으로 나와요.

용어 풀이

겉씨식물: 씨앗이 열매 속에 들어 있지 않고 겉으로 드러나 있는 식물이에요.

공생: 서로 가까이 사는 둘 이상의 종 사이에서 맺는 관계예요.

균근: 다른 식물과 공생 관계를 맺는 균류의 종류예요.

균사체: 흔히 땅속에서 '균사'라는 얇은 실로 이뤄진, 균류의 뿌리처럼 생긴 구조예요.

꽃가루: 씨앗을 만들기 위해 필요한 꽃밥에 있는 작은 입자예요.

꽃가루관: 식물에서 수컷 세포가 암컷 세포가 있는 곳(씨방)으로 갈 수 있도록 도와주는 관이에요.

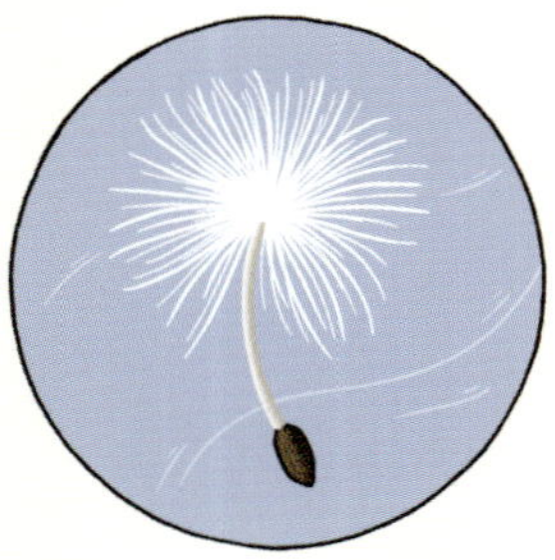

동면: 겨울잠. 생물의 일생 중에서 성장, 발달, 신체 활동이 일시적으로 멈추는 시기예요.

멸종: 어떤 생물(종)이 지구에서 완전히 사라지는 거예요.

물관: 뿌리에서 식물의 다른 곳으로 물과 영양분을 전달하는 식물의 조직이에요.

속씨식물: 열매나 껍질, 꼬투리로 씨앗을 보호하는 식물이에요.

연소: 식물 같은 유기물이 탈 때 이산화 탄소, 물, 에너지가 나오는 거예요.

엽록소: 식물이 초록색인 이유가 되는 천연 자연 색소예요.

엽록체: 식물 세포 안에 있는 구조로, 엽록소가 있어서 광합성이 일어나요.

유거수: 비나 눈이 내린 다음, 땅속으로 스며들지 않고 땅 위로 흘러가는 물이에요.

응축: 수증기가 차가운 면에 닿아서 액체로 변하는 과정이에요.

의사교접: 수컷 곤충이 암컷 곤충처럼 보이도록 모방한 꽃과 짝짓기를 하려는 행동이에요.

자실체: 포자를 만들어 내는 곳이에요. 우리가 보통 '버섯'이라고 부르는, 땅 위로 쑥 올라와 밖으로 드러나 보이는 버섯의 몸 부분이죠.

증발: 액체가 기체로 바뀌는 과정이에요.

증산 작용: 식물이 뿌리에서 흡수한 물을 잎까지 끌어 올리는 힘이에요.

질산염: 식물이 단백질을 만들기 위해 흙에서 흡수하는 화학 물질이에요.

탈리: 잎과 같은 식물의 일부가 떨어져 나가는 과정이에요.

특수 조직: 조직은 비슷한 구조를 가진 세포가 모여서 다 함께 일해요. 특수 조직은 어떤 특정한 목적에 맞춰 일을 하도록 만들어져 있어요.

포자: 버섯과 같은 균류가 번식하려고 만든 아주 작은 씨앗 같은 거예요.

호르몬: 식물 안에서 신호를 전달하는 특별한 화학 물질이에요.

호흡: 모든 생물의 세포가 산소를 이용해 에너지를 얻고, 그 결과 이산화 탄소를 내보내는 과정이에요.

효소: 광합성과 같은 화학 반응이 더 빠르게 일어나도록 돕는 물질이에요.

자연에 대한 사랑을 널리 알린 피터에게 - H. B.

끊임없는 지지를 해 준 스튜어트와 수에게 - C. S.

지은이 **헬렌 브라운**

영국 런던에 거주하는 작가이자 편집자입니다. 서섹스 대학교에서 영문학을 전공한 뒤 어린이책 분야에 입문했습니다.
고대 세계부터 마법처럼 신비로운 숲 이야기에 이르기까지, 어린이를 위한 다양한 주제를 연구하고 글을 쓰고 있습니다.
작가의 책은 현재 15개 이상의 언어로 번역 출간되어 전 세계 독자들을 만나고 있습니다.

그린이 **클레어 스컬리**

영국 런던을 기반으로 활동하는 일러스트레이터입니다. 섬세하고 정교한 펜화와 잉크 드로잉으로 잘 알려져 있으며,
2015년 최고의 컬러링북 중 하나로 꼽힌 《The Menagerie》에 작품이 수록되어 큰 주목을 받았습니다.
《NATURE 처음 만나는 자연 생명 도감》은 작가 특유의 아름답고 감각적인 그림이 돋보이는 작품입니다.

옮긴이 **한성희**

텍사스 A&M 대학교 석사 과정에서 저널리즘을 전공하고, 현재 전문 번역가로 활동 중입니다.
그동안 《가짜 뉴스와 진짜 뉴스를 구별할 수 있어?》《우주에서 외계인을 찾는 과학적인 방법》《그림으로 보는 세계의 놀라운 건축물》
《하루살이에서 블랙홀까지, 대자연의 순환》《어마어마한 곤충의 모든 것》《아하, 그래서 이런 차이가 있구나!-닮은 듯 다른 400가지 어휘 도감》
《원소의 하루》 외 다수의 책을 번역했습니다.

NATURE
처음 만나는 자연 생명 도감

초판 1쇄 발행 2026년 1월 19일

지은이 헬렌 브라운 **그린이** 클레어 스컬리 **옮긴이** 한성희

펴낸이 윤상열
기획편집 서영옥 최은영 **디자인** DESIGNPARK **마케팅** 윤선미 **경영관리** 김미홍
펴낸곳 도서출판 그린북 **주소** 서울 마포구 방울내로11길 23 두영빌딩 3층
전화 02-323-8030~1 **팩스** 02-323-8797
이메일 gbook01@naver.com **블로그** blog.naver.com/gbook01

NATURE EXPLAINED by Helen Brown, illustrated by Claire Scully

First published in the UK by Magic Cat Publishing.
This Korean edition was published by Green Book Publishing Co. in 2026 by arrangement
with Magic Cat Publishing through KCC(Korea Copyright Center Inc.), Seoul.

ISBN 978-89-5588-509-5 77470